LA GUÍA DEFINITIVA PARA EL ÉXITO DEL EMPLEADO

HAGA CRECER SU CHEQUEDE PAGO

"LEARN EFFECTIVE STRATEGIES TO RAISE YOUR PROFESSIONAL GROWTH, CREDIBILITY, DIGNITY AND BECOME THE MOST RELIABLE EMPLOYEE"

I0481269

Autor
Abogado Swapnil Modi
M.B.A. (HR) y LL.B. (MEDALLISTA DE ORO)

Advertencia

Tabla de contenido

Agradecimientos

Este libro es mi sincero esfuerzo por poner en un solo lugar todos los trucos para escalar la carrera profesional de uno, aunque recopilar una gran cantidad de información sobre estos temas es una tarea imposible, pero he realizado mis mejores esfuerzos razonables para incorporar los elementos esenciales necesarios para subir de nivel. carrera.

Estoy sinceramente agradecido a las siguientes personas que desempeñaron un papel importante al llevarme adelante en el viaje de escribir este libro:

Siempre estaré agradecido con el abogado Krishna S., quien me inspiró a escribir este libro, y por ser mi primer lector y darme una retroalimentación constructiva continua al completar este libro.

Gracias, gracias, gracias a mi diseñadora, Marmie S., por su visión creativa al diseñar la portada de mi libro.

También agradezco a mis mentores: Som Bathla, Vikram Khaitan, Anand Ahuja y mi equipo de gestión por su apoyo inigualable, sin su apoyo no habría alcanzado este nivel.

También estoy profundamente agradecido con mi amada madre Kashmira Chotubhai Rakhashia y mi hermano menor Vicky Prafulkumar Modi por su constante amor y apoyo, junto con las bendiciones de mi padre, difunto Shri. Prafulkumar N. Modi.

Además, mis amigos sin ustedes, mi vida está incompleta.

Gracias a todos por creer siempre en mí y darme sus bendiciones y su enorme amor. Tengo la suerte de tenerlos a todos en mi vida.

Aprovecho para comunicarme con todos los profesionales que trabajan y darles un mensaje sencillo:

****

"Trabaja no solo para sobrevivir, sino trabaja para adquirir conocimientos".

"Trabaja no solo por trabajar, sino trabaja con total dedicación".

"Trabaja no solo para pagar tus cuotas, sino trabaja para crecer en tu carrera profesional".

****

Las sugerencias son bienvenidas por parte de mis lectores y nada en este libro tiene la intención de ofender a nadie, expresa o implícitamente.

E innumerables gracias al DIOS TODOPODEROSO, por apoyarme siempre y hacer las cosas posibles con su apoyo incondicional.

Prólogo

Admítelo, debes haber pensado que te pagan mal o te deberían pagar un poco más por todo el trabajo que estás haciendo actualmente. Si es así, ¿ha pensado en las diferentes posibilidades para aumentar su rendimiento y aumentar su sueldo? Y si ha aceptado mentalmente su cheque de pago actual, entonces eso es todo lo que le pagarán y no le pagarán más. Algunas personas están perfectamente felices de permanecer en el mismo puesto durante toda su carrera y no quieren avanzar en su carrera. Todo el mundo quiere ascender, pero solo unos pocos pueden hacerlo, ¿sabe por qué? Es una cuestión de preferencia personal, y si está satisfecho con el escenario actual, incluso si su cheque de pago es bajo, pero si lo ha aceptado mentalmente, no hará ningún esfuerzo por cambiarlo. Es completamente tu elección; si lo piensa por una vez, se verá bombardeado con muchas preguntas y pensamientos interconectados relacionados con ese punto en el que había pensado conscientemente. "Qué pasa si digo: SÍ! Puedes "HACER CRECER TU CHEQUE". ¿Como suena eso?

Me he encontrado con muchos profesionales en mis más de 15 años de experiencia corporativa y una cosa puedo decir que cada individuo no es un emprendedor nato, por supuesto sin ofender a quienes lo son. Sin embargo, me di cuenta de que hay una gran cantidad de profesionales que aman su trabajo o que han desarrollado su zona de confort y no desean romper sus propias limitaciones creadas y fingen amar su trabajo.

Puede haber muchas razones, y algunas de ellas son:

• No quieren correr riesgos. (A menudo, las personas tienen miedo de aceptar nuevos desafíos).

• Les gusta continuar de la forma en que están operando y permanecer en su zona de confort.

• Han construido una relación en su organización durante un período de tiempo que no quieren perder. Después de todo, se necesita un tiempo decente para generar confianza.

• No desean cobrar su buena voluntad y unirse a un nuevo empleador y comenzar a construir una nueva relación.

• Tienen un compromiso familiar que tiene más prioridad que asumir riesgos.

• Tienen compromisos económicos y no quieren poner a todos en juego al entrar en el espíritu empresarial.

Qué hay para mi ahí dentro?

Después de leer este libro e implementar estas estrategias en su trabajo, podrá mejorar su posición profesional, crear valor, elevar su crecimiento al agregar más valor a su organización y convertirse en el empleado más confiable. Los pasos que he narrado en este libro están en forma de capítulos que le harán reconsiderar su posición actual en su organización, al mismo tiempo también debería ver un destello de su próximo rol en su organización. Recuerde, el primer y más importante paso es "Visualizar" y darse un comando con regularidad y estar absolutamente seguro de que ha adquirido esa nueva posición en su organización. Una vez que te hayas imaginado, debes seguir tu plan de acción. Asegúrese de que todas sus acciones vayan en la dirección correcta y logrará sus objetivos en un futuro muy cercano.

Por qué?

Por qué quiere CRECER SU CHEQUE? Si desea permanecer en su trabajo actual, trabajando para su empleador actual, puede solicitar un aumento de sueldo en el trabajo o hablar por sí mismo. Pedir un aumento de salario es también una de las formas de obtener una mayor cantidad de pago, pero antes de pedir un aumento de salario, debe hacerse las siguientes preguntas:

i) Por qué motivos solicito el aumento de tarifas?
ii) Estoy solicitando solo el aumento de tarifa estándar de la industria que se aplicará a otros miembros del equipo?

iii) Estoy pidiendo un aumento salarial decente que supere los estándares de la industria?

iv) Es igualmente proporcional al trabajo que he entregado el año anterior?

v) Qué valores adicionales he agregado a la organización?

vi) He entregado trabajo adicional además de mis funciones / deberes previstos en el año anterior? y pocas preguntas iguales.

La idea no es desmoralizarlo o evitar que solicite un aumento salarial, pero eventualmente esto lo ayudará a tener confianza cuando hable por sí mismo, ya que tiene todos sus logros y resultados del año anterior a mano. También ha demostrado su dedicación hacia su organización y se ha fijado un punto de referencia. Por lo tanto, si puede presentar de manera efectiva sus esfuerzos, trabajo y logros del año anterior, sin duda recibirá una caminata decente. Sin embargo, si no está preparado mentalmente para todo esto, entonces será una pesadilla para usted obtener un aumento decente en su salario. Debe obtener lo que se merece, ya sea su reconocimiento o promoción. Es una teoría simple de una vida feliz, si eres feliz, eso significa que estás satisfecho. He visto a muchos miembros del equipo que trabajan duro en organizaciones corporativas que no logran una caminata decente debido a su incapacidad para mostrar sus esfuerzos.También hay un 5% de personas en cada organización que trabajan de manera inteligente y retratan su trabajo de una manera más efectiva. para obtener el reconocimiento de la gerencia y pueden buscar un aumento decente en su salario.

Anote todas esas responsabilidades adicionales, responsabilidades que asumió, y todas estas deben estar por encima de sus roles y responsabilidades esperados.

Anote su trabajo extra

- Haga una evaluación de su trabajo anual por el que le pagan. Anote todas sus responsabilidades clave en el espacio de escritura que se proporciona a continuación:

_____

_____

_____

_____

_____

_____

_____

_____

_____

_____

_____

_____

• Es realmente un punto notable; detalle de sus valores adicionales que han impulsado el crecimiento de su organización de alguna manera en el espacio que se indica a continuación.

_____

_____

_____

_____

_____

_____

_____

_____

_____

_____

_____

_____

_____

Anote sus iniciativas adicionales

- Todas las iniciativas que tomó el año anterior (nuevamente, esto debe ser más allá de sus deberes y responsabilidades laborales habituales)

Iniciativas:

_____

_____

_____

_____

_____

_____

_____

_____

_____

_____

- Esfuerzos adicionales que le ha dado a su equipo ya los miembros del equipo para que logren su tarea y sus objetivos.

Esfuerzos extra:

_____

_____

_____

_____

_____

_____

_____

_____

_____

_____

- Cualquier tarea que haya realizado que implique la mejora de procesos o que haya aumentado la productividad de su equipo.

Tarea adicional:

_____

_____

_____

_____

_____

_____

_____

_____

_____

_____

_____

Esté preparado para justificar el número que solicita en su revisión salarial:

Antes de lanzarse a pedir un aumento de sueldo y presentar sus expectativas, debe preguntarse:

- ¿Tiene suficiente experiencia para aumentar su sueldo? ¿Eres elegible para una revisión salarial?

  Por lo general, la revisión de los sueldos se realiza anualmente en las empresas o semestralmente, según la estructura de la organización. Verifique esto primero y si todavía tiene alguna duda, consulte a su supervisor inmediato.

- ¿Ha hablado de ello con su supervisor inmediato?

  Primero hable sobre la compensación con su supervisor inmediato y dígale sus expectativas en función del trabajo entregado. Discuta con él a fondo.

- ¿Vale la pena su desempeño por aumentar su salario?

  Sin embargo, si ha logrado sus objetivos anuales asignados, puede pedir con confianza un buen aumento de sueldo; Si no logra alcanzar sus objetivos, no podrá exigir un buen aumento.

• ¿Ha aprendido nuevas habilidades o ha completado una capacitación adicional en comparación con otros para obtener un aumento en su aumento de sueldo?

Si ha logrado las nuevas habilidades que lo hacen más valioso como empleado que otros que ayudaron al crecimiento de la organización, entonces debe exigir un aumento.

Cómo?

En lugar de pensar en su pasado y desmotivarse con la sensación de estar mal pagado y arruinar su estado de ánimo. "Invertir ... Invertir ... Invertir ..." al mismo tiempo para mejorar sus habilidades, mejorar su posición actual y prepararse para los desafíos y requisitos futuros y futuros. Estas nuevas habilidades y nuevos aprendizajes junto con un estado mental positivo durarán para siempre si se practican con regularidad. Recuerde, los errores y fallas del pasado no deberían lastimarlo porque se acabó y no puede cambiarlo. Cuanto antes lo aceptes, antes superarás las emociones negativas y desarrollarás una mentalidad positiva. Aprenda siempre la lección de su pasado y no la repita.

Veamos algunos de los pasos probados que pueden ayudarlo a crecer en su organización.

Al asumir una responsabilidad adicional

Sea responsable y aumente su obligación moral cumpliendo sus compromisos. Establezca expectativas más altas y comprenda sus responsabilidades. Sea un poco más informal y equilibre su tiempo y trabajo para desempeñarse mejor. Una vez que se sienta responsable, realizará el trabajo de manera más eficiente y eficaz y tratará de asumir una responsabilidad adicional en tareas adicionales que no sean las asignadas. La rendición de cuentas te hace más responsable, progresivo y te permite medir tu éxito. Esta es la única manera de esforzarse para ser mejor y ser un empleado responsable al brindar el mejor resultado a su organización.

Por crecimiento panorámico de la personalidad:

Mientras trabaja en una organización, tiene que pasar por una situación diferente que va en contra de sus creencias. Entonces, para el crecimiento de la organización, debe aceptar aquellas situaciones que son beneficiosas para la organización y deben salir de su zona de confort.

Mostrando su enfoque y actitud positivos para aceptar nuevos desafíos

Muestre su enfoque y actitud positivos para aceptar un nuevo desafío frente a su gerencia. El primer paso es pensar en positivo y responder positivamente. Use un vocabulario más complejo, realmente puede cambiar la forma en que habla y escribe. Aprenda a manejar el estrés y la situación de nuevos desafíos sin ningún miedo. En lugar de usar palabras como 'problema' o 'problema', use palabras como 'situación' y acepte cada situación que llegue a la organización. El segundo paso son las reacciones, en lugar de decir 'es difícil' y 'no puedo' usar ', es desafiante pero interesante' y 'puedo y lo haré'. No facilitaría la tarea, pero sí, te hará más fuerte y te mantendrá enfocado en tu trabajo. Seguramente le ayudará a salir de su zona de confort y le animará a actualizar sus habilidades (si es necesario) para satisfacer la demanda del escenario cambiante. Recuerde, ya GANÓ la mitad de la batalla al aceptar el nuevo desafío, porque enfrentar un desafío provocará un cambio mayor dentro de usted. Ahora es el momento de dar el máximo rendimiento a la organización a partir de una entrada mínima y ser recompensado.

Al aprender las habilidades necesarias para completar la tarea realizada por usted

Exprese su interés en participar y asistir a programas de formación de desarrollo interno organizados por su organización.

Las organizaciones tienen programas de capacitación de desarrollo preprogramados como cursos de actualización para sus empleados actuales, inscríbase usted mismo para asistir a esos programas. No dude en unirse a esos programas de actualización rápida. A veces, debido a la apretada agenda de trabajo, tendemos a olvidar algunos de los beneficios clave básicos de nuestros productos y servicios. Al unirse a este programa de actualización, aprenderá muchas cosas nuevas o tendrá la oportunidad de revisar los beneficios clave de los productos y servicios a un ritmo rápido, lo que puede ser útil para usted en su trabajo y, con la ayuda de esos beneficios clave, también podría aumente su conversión y mejore su rendimiento. Solicite algunos cursos en línea de desarrollo de habilidades. Aprenda una nueva forma de completar la misma tarea de una manera más eficiente. Si aprende algo nuevo, puede presentar nuevas ideas a su gerencia para su aprobación con respecto a la incorporación de un nuevo proceso o la actualización de un proceso o política existente. Se le notará inmediatamente al mostrar su interés en mejorar el proceso y la política existentes en beneficio de todos. Sea proactivo al solicitar una capacitación de actualización o una breve sesión de capacitación sobre cualquier producto o servicio específico que ofrezca su organización para aclarar todas sus dudas y mejorar su desempeño.

Manteniéndose alejado de la negatividad externa

La negatividad es un tipo de tóxico que corrompe todo tu sistema. Manténgase alejado de las personas de mentalidad negativa que lo rodean. Afectará su jerarquía y lo mantendrá negativo desde adentro. Hay un ejemplo excelente: una vez había un mono que intentaba trepar a un árbol y había otro mono que no lo dejaba trepar por el árbol tirándolo por la cola. Trató varias veces de trepar a ese árbol, y desafortunadamente no pudo hacerlo solo por ese otro mono. Finalmente el mono dejó de trepar a ese árbol y siguió adelante para buscar otro árbol para trepar. Sorprendentemente, desde allí se subió rápidamente al árbol. Entonces, el mensaje en él dice: manténgase alejado de las personas de mentalidad negativa de su grupo personal y profesional porque ni ellos lo harían ni dejarán que otros lo hagan.

Evitando chismes y comentando sobre otros

Manténgase alejado de los chismes, simplemente pasa información irrelevante de un punto a otro, si la información es esencial, la administración la compartirá en todos los ámbitos, y si es de otra manera, no tiene sentido discutirlo y perder el tiempo.

Haciendo esfuerzos para realizar su tarea

Primero, comprenda su tarea a fondo. Tenga en cuenta que usted es la mejor persona que conoce todas las habilidades necesarias para completar su tarea. Ponga su inteligencia con las habilidades recién aprendidas y obtenga el resultado deseado de una manera más efectiva. Una vez que haya dominado el arte de realizar su tarea de una manera más eficiente y eficaz, enseñe a los miembros de su equipo. Será fácil para los miembros de su equipo adaptar su metodología para lograr sus objetivos. Al final, será reconocido no solo por dominar el arte de realizar sus tareas de manera más eficiente y efectiva, sino también por ayudar a otros (miembros de su equipo) a lograr sus objetivos o completar sus tareas asignadas de manera más efectiva. Esto muestra su personalidad de liderazgo y su voluntad de crecer juntos como equipo.

Ayudando a otro equipo

Después de dominar su tarea individual asignada por su supervisor inmediato, sea proactivo para aprender algunas tareas nuevas más del otro equipo. Solicite capacitación transversal a otras divisiones (si es posible) para ayudarlas en momentos de alto flujo de trabajo o en caso de que el personal existente no esté disponible por cualquier motivo (licencia o enfermedad). Esto se conoce como "capacitación multifuncional" y es muy apreciado en el entorno corporativo. De esta manera, podrá realizar algunas de las tareas de otro equipo (solo después de completar su tarea diaria personal asignada por su supervisor inmediato) y Ofrezca ayuda a otros líderes de equipo, especialmente cuando estén trabajando duro para completar algunas de las tareas urgentes con menos personal. Esto lo hará notar antes que su gerencia y también está construyendo una buena relación con otros líderes de equipo con quienes no está Reportando directamente.

Por aprendizaje constante
"Duplique su valor para la empresa".
Siempre traiga más a la mesa de lo que le pagan, "conviértase en invaluable".

Los que ganan un salario alto no solo trabajan en su trabajo, también trabajan para sí mismos. Cuando aprende algo, le ayuda a abordar sus problemas de una manera diferente. Pronto desarrollarás una actitud para encontrar rápidamente soluciones a tus problemas y crecer tú mismo. Al aprender cosas nuevas, también puede ayudar a otros. La vida en sí misma es una larga experiencia de aprendizaje y necesitas seguir aprendiendo y adquiriendo nuevas habilidades que te ayudarán a convertirte en una persona exitosa.

Al mantenerse actualizado con los asuntos actuales, los cambios materiales en su industria y encontrar formas de superar cualquier obstáculo predecible que pueda crear un obstáculo o dañar su negocio de cualquier manera, lo convertirá en un recurso excepcional en su organización.

****

"Duplique su valor para la empresa".

Y

Siempre traiga más a la mesa de lo que le pagan, "conviértase en invaluable".

****

Cambio de mentalidad

"Desarrollar una pasión por aprender.
Si tu haces, nunca dejarás de crecer."
- Anthony J. D'Angelo

Su mentalidad requiere un crecimiento y debe mantenerse actualizada regularmente. Indica que tu forma de pensar está bajo tu control. Es la clave principal de su éxito. A menudo las personas se contaminan con la negatividad que los rodea. Estoy seguro de que debe haber oído hablar de este famoso dicho: **"Una mente vacía es el taller del diablo"**. Por lo tanto, no mantenga su mente vacía u ocupada con pensamientos no productivos, en su lugar, invierta el mismo tiempo en aprender algo nuevo, como un nuevo idioma, un nuevo programa o desarrollar un nuevo pasatiempo o aprender algo que le apasione.

Salir de la mentalidad estereotipada

La mentalidad de estereotipo está por todas partes y en todas partes. Sí, es difícil ignorarlo, pero podemos vencer esto siendo un alma confiada y feliz y satisfecha. Nuestros padres son las mejores personas para ayudar; ellos son los que siempre nos apreciarán incluso si no somos lo suficientemente buenos. El primer paso que debemos dar es cambiar el escenario que hemos estado cargando en nuestras mentes durante siglos. Necesitamos cambiar nuestras mentes, nuestras ideologías y nuestro proceso de pensamiento para que algo suceda de manera positiva. Supera todos esos mitos que escuché hasta ahora y cree en ti mismo y actúa en consecuencia.

Pregúntate, tu alma interior te responderá.

Todos tenemos una superpotencia oculta en nosotros mismos, y esa es nuestra alma, que está conectada al yo divino. El yo divino es lo que te da poder y te hace hacer maravillas. Es la luz del alma en nuestro centro la que elige encarnar en este momento. Siempre está consciente y ha estado pensando desde que comenzaste a existir en esta vida y desde tu nacimiento en otras vidas. Siéntese y piense en ello, su alma responderá a todas sus preguntas. Primero trate de conocerse a sí mismo, descubra sus pasatiempos, sus metas y su área de interés y lo que no le gusta. Una vez que haya descubierto su interés y su objetivo, manténgalo, lo que le ayudará a realizar el trabajo en el siguiente nivel en su área / campo interesante únicamente. Luego, en consecuencia, elija su carrera / empleador que le brinde la oportunidad de explorar su interés personal y, sin duda, sobresaldrá en su carrera profesional.

Por toda su acción de hoy, se le pagará mañana.

Todo en este Cosmos tiene un ciclo, como el tiempo, las estaciones, las revoluciones, las edades, etc. El karma tiene un ciclo, que resulta en recibir lo mismo que tú diste. Lo que sea que dé, lo recuperará como resultado, y si trabaja hoy, le pagarán mañana. No hay forma de obtener el resultado de inmediato. No puede obtener las reacciones sin ninguna acción. Siempre invierta su tiempo en hacer cosas fructíferas y recuerde que la paciencia y la perseverancia son igualmente importantes.

Aprenda habilidades profesionales adicionales.

Una vez que el undécimo presidente y **'El hombre de los misiles'** de la **India**, el **Dr. A.P.J. Abdul Kalam** ha dicho: "Adquiriré conocimientos continuamente". No hay edad ni límites específicos para estudiar y aprender algo nuevo. En el entorno competitivo actual, la adquisición continua de una nueva habilidad es muy esencial. Hoy en día hay una dura competencia en el mercado, cada vez es más difícil promocionarse en cualquier organización y también en la vida. Aprender habilidades adicionales puede aumentar su concentración, confianza y autoestima. Debe seguir aprendiendo algunas habilidades adicionales a lo largo de su vida.

Gestión del tiempo

Una gestión eficiente de la entidad más poderosa de nuestra vida se conoce como **'TIEMPO'** y es tan importante como nuestra vida. Si no puede administrar su tiempo, no puede administrar su vida y siempre estará en ruinas. Es importante organizarse bien para administrar su tiempo. Debes comenzar a establecer metas a corto y largo plazo que te permitan priorizar lo que necesitas lograr. Al administrar eficazmente su tiempo, puede realizar un trabajo adicional además del trabajo diario asignado, digamos que si alguien de su equipo le ha pedido un favor para ayudarlo a preparar su informe, puede hacerlo sin afectar su trabajo diario. Y la parte más importante de la gestión del tiempo es la "**GESTIÓN DEL ESTRÉS**", debes mantenerte mentalmente saludable, lo que te ayudará a manejar el estrés. Una vez que haya aprendido el arte de la administración del tiempo, obtendrá muchos beneficios, como menos estrés y fricción, y podrá adquirir mayores logros. Al practicar todo esto, organizará su trabajo diario fácilmente y podrá administrar algo de tiempo para su familia, amigos y también para usted.

Desarrolle su interés por el trabajo.

El interés es el factor principal de tu forma de pensar. Debe mantenerse motivado y, para mantenerse motivado, debe recompensarse regularmente. Si algún pensamiento trata de quebrantarte, tíralo fuera de tu mente. Te mantendrá con energía y tu positividad también aumentará la energía de tus colegas. Si está interesado en su trabajo, pondrá toda su fuerza en él y obtendrá los mejores resultados, pero si no lo está, lo seguirá desmotivando y perderá la batalla. Si conoce sus objetivos, no se distraerá de su trabajo. Entonces, lo más importante es que debes trabajar en tu campo interesante.

Leer libros

Los libros son el mejor amigo de nuestros humanos. El conocimiento importa mucho en este mundo, si sigues actualizando tu conocimiento, te hará sabio y seguro. Hay muchos libros que le ayudarán a mantener su mente fuerte y motivada.

Algunos de mis libros inspiradores favoritos son:

"Piense fuera de la caja" de Som Bathla.

"Piense y hágase rico" de Napoleon Hill.

"Switch: Cómo cambiar las cosas cuando el cambio es difícil" por Chip Heath y Dan Heath.

"El secreto" y "El poder" de Rhonda Byrne.

"Los secretos de una vida mágica" de Vikram Khaitan.

Debe leer estos libros o libros similares para rejuvenecer. Te motivarán a alcanzar tus metas. Recuerde, las personas exitosas tienen su biblioteca personal y constantemente leen diversos artículos, libros, tesis, negocios, economía, actualidad y aumentan sus conocimientos.

Cambia tu enfoque hacia tu vida

Cambiar su enfoque es la mejor manera de obtener mejores resultados. Si estás atascado en algún lugar y piensas "No puedo", intenta cambiar tu enfoque. Analice a su manera cómo está haciendo ese trabajo y anótelo; ahora intente encontrar una solución a esa situación con un nuevo enfoque (que no sea el escrito anteriormente). Haga experimentos y explore nuevas formas por sí mismo y, una vez que encuentre un nuevo enfoque que le haya funcionado, ayude a otros compartiendo su idea. Trate de decir "no" si siente que eso es tóxico en su vida. No aceptes nada que te deprima.

Supere el miedo al retraso

Haga su trabajo con honestidad y esfuerzo al 100%. Trate de explorar y encontrar algunas ideas creativas en su mente. Es posible que tome un poco de tiempo adicional, pero si puede asegurar el resultado esperado (si gana), obtendrá el reconocimiento de su alta gerencia. De alguna manera, si fracasas, has aprendido una lección y aún así has demostrado tus esfuerzos para emprender un nuevo desafío cuando otros no lo han hecho; esto mostrará su enfoque positivo frente a su administración. Al final, será recompensado por su trabajo y esfuerzos adicionales.

Aplique la regla del 80-20%: "No puede satisfacer a todos, pero puede satisfacer y ganar el 80%"

No siempre se descuidaría tu idea o te acosarían por alguna razón; La regla 80-20 dice: Concéntrese en el 80% y no se preocupe por el 20% restante y permanezca siempre positivo, entusiasta y generoso mientras hace su trabajo. Influirá en la gente para que te hable con sinceridad. Solo aquellos que no apreciarían que te valoren solo ellos se quedarán insatisfechos, ignóralos. No se concentre en satisfacer a alguien como: su supervisor inmediato, su gerente, sus clientes potenciales o los miembros del equipo; en su lugar, trabaje para mejorar su desempeño individual y ayude a los miembros de su equipo a lograr sus objetivos también, sus esfuerzos son notados por la gerencia. Me acercaré un paso más a su promoción y caminata.

La actitud lo es todo

Si desea liderarse a sí mismo y lograr el éxito, entonces una actitud positiva funcionará para usted. Puede lograr sus metas y el éxito si tiene una actitud positiva hacia su trabajo. La satisfacción del empleador depende de su participación y compromisos. La psicóloga Carol Dweck ha pasado toda su carrera estudiando la actitud y el desempeño, y su último estudio muestra que "**su actitud es un mejor indicador**

de su éxito que su coeficiente intelectual". Dweck descubrió que las actitudes fundamentales de las personas se dividen en una de dos categorías: (i) MENTALIDAD FIJA o (ii) MENTALIDAD DE CRECIMIENTO. Debe tratar de crecer y desarrollar su mentalidad, lo que le ayudará a mejorar su nivel de rendimiento y buena voluntad en el trabajo.

No dejes espacio para "EGO"

Hay una línea muy delgada entre el ego y el respeto por uno mismo, a menudo la gente no puede diferenciarlos. El padre de la nación, **Mahatma Gandhi**, dijo: "*Cuando el ego muere, el alma despierta*". Significa que si quieres expresar tu yo real, tienes que aplastar tu ego, y si se trata del conocimiento y la personalidad, debes seguir al gran científico Sir **Albert Einstein**, quien dijo: *"Más conocimiento, menos ego. Cuanto menos conocimiento, más ego* ". El ego te hace pensar en puntos innecesarios que no son buenos para ti ni para tu carrera.

Di un gran NO a la "SOBRECONFIDENCIA"

Hay un viejo refrán que dice que *"es bueno tener confianza, pero el exceso de confianza es peligroso"*. Significa que tu exceso de confianza puede hacerte daño. Cuando el primer hombre subió a la luna, Neil Armstrong había dicho: *"Bueno, creo que nos esforzamos mucho por no tener demasiada confianza, porque cuando te sientes demasiado confiado, es cuando algo se rompe y te muerde*". El exceso de confianza comúnmente hace que las personas cometan errores y pierdan las grandes batallas. Manténgase alejado y tenga confianza, lo que lo llevará a ser uno de los mejores empleados de su equipo u organización.

NUNCA te compares con los demás.

Si pierde el tiempo comparándose con los demás, no tendrá tiempo para hacer su trabajo. A veces nos gusta compararnos y pensar en ser más altos, más inteligentes o más justos y esas son cosas que no podemos cambiar ni desarrollar. Por lo tanto, siempre piensa que eres increíble como eres. A menudo vemos a alguien haciendo algo increíble y nos gustaría poder hacerlo también, pero no es el uso correcto de su tiempo. Debes enfocarte en tu trabajo y desarrollo personal que será fructífero para ti.

Tomar Acción

Sí, tomará tiempo transformarse en una personalidad improvisada, digamos su versión **2.0**, pero puede comenzar implementando pequeños cambios a lo largo del camino y, lenta y gradualmente, habrá logrado muchos objetivos cortos y creado su nueva personalidad como profesional más mejorado. Los pequeños cambios lo ayudarían a lograr los objetivos más cortos y desarrollará una mentalidad positiva al lograr con éxito sus objetivos más cortos. Mejora tus habilidades de desarrollo personal para tu crecimiento personal lo que te hará emprender acciones que te lleven al éxito.

Sea un ejemplo para los demás

Muestre sus habilidades y orientación sin temor a crear competencia, en cambio, la está dominando al educar a su equipo. Muestre sus trucos y dé consejos para realizar la misma tarea de manera más eficiente. Influye positivamente en tu equipo. Hágase cargo de compartir su conocimiento y experiencia con nuevos miembros y miembros del equipo de la incubadora.

Entrena a tu junior

Pídale a la gerencia que le permita capacitar a los jóvenes de su equipo, lo que eventualmente también pulirá sus conocimientos y habilidades. Despejar sus dudas y educarlos sobre los productos y procesos les dará confianza en su trabajo y también puede sacarles pensamientos e ideas creativas. Empiece a guiar a sus jóvenes; ayudarlos a completar su tarea.

Mejora y crea nuevos hábitos (aplica la regla de los 21 días)

Se necesitan 21 días para desarrollar un nuevo hábito y luego se convertirá en su práctica diaria. Si su visión es tener éxito, reemplace sus malos hábitos por algunos buenos y, como resultado, su vida cambiará permanentemente.

Empiece por leer los artículos que le interesen.

La lectura es un pasatiempo imprescindible. La lectura regular te hace más inteligente y aumenta el poder de tu cerebro. Empiece a leer periódicos y elija algunos de sus libros favoritos. Los principales multimillonarios del mundo como **Warren Buffett & Bill Gates** leen 5 horas diarias, leen 5 periódicos y documentos corporativos todos los días. Eso tiene sentido, lo que los mantiene tranquilos y agudos es leer y crecer.

Observe: (Aprenda de los demás)

La observación es una habilidad que se aprende al tener paciencia y celo por aprender algo nuevo de los demás. Hay muchos ejemplos de donde puedes observar y aprender cosas. Puede leer los periódicos - observar qué hay de nuevo y qué es importante para usted en ellos, puede acudir a sus altos ejecutivos y gerentes de la empresa - observe cómo escuchan a todos y cómo responden a cada desafío. Puede observar su enfoque positivo hacia la vida empresarial, profesional y personal. Cómo gestionan su trabajo con calma y cómo motivan a sus equipos también. Aprenda de las personas mayores, no solo le enseñarán sobre la vida profesional, sino que tienen una experiencia de vida personal bastante larga. Ve más allá de tus pensamientos; observar a todas y cada una de las personas o cosas para obtener información. También mejora su capacidad para interactuar con los demás y responder de manera adecuada. Si aprende cosas nuevas y observa atentamente, obtendrá un camino claro hacia el éxito.

Date un compromise

Sea honesto consigo mismo, el mejor compromiso que puede hacer es darse un compromiso de desarrollo. Deja que tus deseos crezcan y comprométete a hacerlos realidad. Te obligará a hacer y lograr todo lo que te hayas comprometido y te hará triunfar de todos modos. Puede haber muchas distracciones, pero si está comprometido a completar su tarea dentro de un plazo determinado, la completará primero. Aumentará tu confianza en ti mismo y te animará a lograr más.

Termina lo que has comenzado

Hay un libro famoso "Termina lo que empiezas: el arte de seguir adelante, actuar, ejecutar y autodisciplinar", de Peter Hollins. Elaboró muy finamente cómo terminar tu trabajo o estudio pendiente que habías comenzado antes. Solo recuerda, has comenzado con una visión y no dejes que esa visión tuya desaparezca dejando esa tarea incompleta. Siempre que te sientas desconectado, date un respiro, pregúntale a tu conciencia y recuerda tu visión inicial que te ha traído a tu estado actual, ahora estás a solo unos pasos para transformar tu visión en una realidad. ¡**No te rindas!**

No se preocupe si está cometiendo errores, al menos lo está intentando. Recuerde, los errores se pueden corregir, pero si no lo intenta, nadie puede ayudarlo. Puedes hacer cualquier cosa, pero no puedes hacer todo. Entonces, si ha comenzado algo como estudios, leyendo un libro, plan de inversión, etc., entonces debe hacerlo y completarlo. Si tienes algunos objetivos personales y profesionales, ve a por ellos.

Una vez que el fundador de Facebook, **Mark Zuckerberg**, dijo: "**No tengas miedo de cometer errores, pero ten miedo de no cometer uno**".

No crea que su tarea es difícil o difícil de hacer, no asuma que no puede hacerlo, la mejor manera es dividirla en pequeños pasos e intentar completar cada paso uno tras otro y al final su tarea completa se completa. No hay nada imposible que no puedas hacer, ya sea que tengas todas las habilidades requeridas o no las tengas y si no las tienes, entonces en ese caso las habilidades se pueden aprender, pero si dudas de ti mismo, no sería fácil hacerlo. complete incluso una tarea fácil. El mejor camino es creer en ti mismo en cualquier situación. Una vez que comience a terminar su trabajo pendiente, estudio y desafíos, comenzará a conducir hacia su camino de vida exitosa.

Ventajas de aceptar nuevas tareas / desafíos:

En el momento en que aceptes una nueva tarea como desafío, será más interesante completar ese desafío lo antes posible. Está intentando una nueva tarea (si se acepta el desafío) con el mismo empleador, por lo que no hay riesgo de perder su trabajo actual. Por lo tanto, en lugar de aceptar una nueva tarea (desafío) bajo el nuevo empleador y tratar de cumplir con esos compromisos al mismo tiempo, debe construir una relación y mostrar su eficiencia y crear una marca para usted será un desafío y una pérdida de tiempo, en donde. Si acepta emprender una nueva tarea bajo el mismo empleador, entonces no necesita preocuparse por las preocupaciones mencionadas.

1) Eres un empleado existente y has retratado tu imagen ante tu empleador, en base a tu trabajo anterior y tu aceptación de una nueva tarea.

2) Si tiene éxito, será reconocido.

3) Incluso si falla, su imagen existente no se dañará.

En general, terminará ganando más respeto por haber aceptado nuevos desafíos y tareas. Las empresas animan a su equipo a abrirse ante ellos si desean acometer alguna nueva tarea sin preocuparse por su resultado, siempre que las intenciones sean positivas y favorables para la dirección y toda la empresa.

Escenario actual

Algunas personas se sienten felices donde se encuentran en su situación actual. Lo llamamos como su "Zona de Confort". Sin embargo, esta zona de confort es buena para las almas satisfechas que no desean caminar esa milla extra para lograr algo gratificante. Su mentalidad también está restringida y gira en torno a los límites de su zona de confort. ¿Que pasa contigo? ¿Está satisfecho con el escenario actual y su bajo salario? ¿Está satisfecho con su puesto actual? ¿Desde cuánto tiempo no ha sido ascendido? ¿Cuándo fue la última vez que recibió un aumento salarial decente? Tu mente solo estará feliz cuando estés satisfecho y sientas una sensación de logro en tu trabajo. Si eres feliz, solo tú puedes trabajar con total concentración y obtendrás mejores resultados. ¿Espera más de usted mismo o de su organización? Hable y trate de encontrar la manera que pueda hacer que esto suceda. ¿Alguna vez has pensado eso, qué te gusta y cómo te gusta hacerlo? ¿Alguna vez se ha imaginado convertirse en el mejor intérprete? ¿No suena genial? ¿Alguna vez pensaste, qué tienes que hacer para convertirte en una estrella en tu equipo?

Te pagan por

¿Crees que todavía no te pagan de lo que vales? Si ve ofertas de trabajo para un puesto similar al suyo con un salario más alto, eso significa que no le pagan de manera justa. Le pagan por su trabajo, lo que está haciendo, los esfuerzos que hace, los resultados por lo que entrega y lo más importante es que le está dando su tiempo a su empleador. Hágalo fructífero para su empresa, su empleador y también para usted. Es importante justificar su trabajo por lo que le pagan. Si sigue obteniendo mejores resultados, puede solicitar un aumento.

Todo ese trabajo que has hecho hasta la fecha

Si lo ha intentado todo y nada funciona, debe pensarlo y anotarlo. Piense en las tareas que ha realizado hasta la fecha. Anote sus tareas desde la tarea fácil hasta la más difícil. Desde un favor para cualquier colega hasta algunas órdenes no deseadas de su jefe. Todo lo que hayas hecho volverá a ti con una esencia asombrosa. Asegúrese de que haya muchos puntos positivos y de orientación de resultados, y solo entonces su gerencia lo considerará a usted para otorgarle algunas responsabilidades adicionales y, finalmente, aumentar y aumentar su salario.

Todos sus logros existentes en el trabajo

¿Ha logrado todos sus objetivos dentro de los plazos establecidos? ¿Ha aprendido algo nuevo para completar sus tareas de manera inteligente? ¿Has hecho algo fuera de la caja? Independientemente de su desempeño en el año anterior, se le paga en consecuencia. Puede analizar sus esfuerzos recientes y puede hacerlo mejor que eso. Todo está en ti. Si cree, puede hacer lo mejor que pueda.

Escriba cada uno de sus logros en su organización hasta ahora. Comience con pequeños puntos como el agradecimiento de su gerente o jefes; ya sea por su desempeño o por brindar un servicio de excelencia o por recibir el reconocimiento del cliente. Trabajando los fines de semana y los fines de semana.

Obtenga beneficios de las tareas que ha realizado para su equipo. También escriba todas las ayudas y favores que le ha hecho a otro miembro del equipo para que logre su objetivo o cualquier tarea. Escriba todo tipo de logros personales que haya logrado mientras trabajaba en su empresa.

Cero a héroe

"Cambie su personalidad aislada en un recurso confiable en su organización."

"La inacción genera dudas y miedo. Acción genera confianza y coraje. Si quieres vencer el miedo, no te sientes en casa y lo pienses. Sal y ponte a trabajar "- Dale Carnegie

Sería completamente injusto considerar a alguien como Zero. Más bien, diría: "**Cambie su personalidad aislada de un recurso silencioso en un recurso confiable en su organización**."

A menudo, se ha observado en muchas organizaciones que existen grandes intérpretes en el equipo, pero que no son el centro de atención. ¿Alguna vez se preguntó por qué? ¿Les falta valor? Estos empleados silenciosos están generando buenos ingresos para la organización y la mayoría de las veces logran sus objetivos esperados, pero no desean presentarse y vivir en el centro de atención. La única razón que se me ocurre es el miedo a aceptar nuevos desafíos. No pueden visualizar su potencial de liderar un equipo o asumir nuevas responsabilidades en su plato y ser responsables de ello.

Si estás pensando, "No puedo hacerlo" o "No puedo tener éxito", o "No soy un jugador de equipo", no te decepciones pensando "¿Podré hacerlo? " o "¿Por qué yo?" en lugar de centrarse en "¿cómo puedo hacerlo?" Lo primero que tienes que hacer es "confiar en ti mismo" y hacer que todos crean en ti hasta que lo consigas.

Crea tu buena voluntad

Usted es el único responsable de crear su buena voluntad. La buena voluntad se crea mediante los esfuerzos de uno, el enfoque hacia otros miembros del equipo y lo confiable que es en tiempo real. Mejore usted mismo, su gesto y su actitud hacia el trabajo y los miembros de su equipo, gerentes y otros empleados también. Conéctate con todos. Aprecia los esfuerzos de todas y cada una de las personas. Comience a ofrecer ayuda cuando sea necesario y siéntase libre de atender al que lo necesita. Empiece a ayudar a los demás para que quieran ayudarle en cualquier momento. Estos pocos pasos le ayudarán a ganar confianza en los demás y ellos le respetarán. Así es como puede crear su propia buena voluntad..

Persistencia

Estén atentos y tengan paciencia, serán recompensados. Como dijo el ex presidente de los Estados Unidos, Calvin Coolidge: *"Nada en el mundo puede reemplazar la persistencia. El talento no lo hará; nada es más común que las personas fracasadas con talento. El genio no lo hará; el genio sin recompensa es casi un proverbio. La educación no lo hará; el El mundo está lleno de vagabundos educados. Sólo la persistencia y la determinación son omnipotentes."*

Tercera ley del movimiento de Newton: (La acción y la reacción son iguales y opuestas).

Recuerde, la Tercera Ley del Movimiento de Newton establece que

"Para cada acción hay una reacción igual y opuesta."

En física, esto siempre es cierto. Por eso se llama "**ley**" en física. Como si lanzaras una pelota al cielo, esta volverá a bajar con la misma fuerza.

Si aplica esta ley en su lugar de trabajo, entonces le permitirá creer que haga lo que haga, dé o como se comporte, obtendrá lo mismo. Si eres generoso y amable con los demás, también te tratarán de la misma manera. Si ayudas a otros, ellos te ayudarán a ti. Si aumenta la tasa de rendimiento, obtendrá un aumento y una promoción.

Establezca una buena relación con otros miembros del equipo

La directora ejecutiva de Pepsi **Indra Nooyi** dijo:

"Todo lo que alguien diga o haga, asuma una intención positiva. Se sorprenderá de cómo todo su enfoque hacia una persona o problema se vuelve muy diferente. Cuando adopte una intención negativa, se enojará. Si si quita esa ira y asume una intención positiva, se sorprenderá."

Escuche a todos y tómelo de manera positiva, nunca malinterprete a nadie por su ego.

Es difícil entender a los humanos y la única forma de influir en las personas es conocerlos. Sea alguien que los comprenda a ellos y sus problemas. A veces, algunos colegas o miembros del equipo no pueden desempeñarse bien solo por algunos problemas o rencores personales, que no pudieron compartir contigo solo porque podrían pensar que no puedes entenderlo. Trate de conectarse con ellos, no con sus saludos cortos "**hola**" o "**buenos días**", sea amable y amistoso a veces preguntando "¿cómo estás?" Ofrézcales asistencia y ayuda cuando sea necesario. Pregúntele a los miembros de su equipo y colegas si necesitan algún favor o ayuda. Estos pasos impulsarán su relación en su organización. Serás conocido por tu amabilidad y tu desempeño también. Incluso su gerencia estará lista para escucharlo siempre.

Traiga referencias en su empresa:

Comparta sus experiencias con su familia, amigos y parientes. Ofrézcales que se unan a su organización. La alta dirección le notará. Estás transmitiendo un mensaje a tus amigos de que estás contento con tu organización. Le gusta su equipo, entorno de trabajo, procesos y gestión. No dude en enviar sus comentarios o completar encuestas internas, porque una empresa siempre alienta a su personal a abrirse y compartir sus ideas, lo que ayudará a mejorar y crecer.

Puede dar su opinión sobre los siguientes puntos:

i) Mejora de procesos

Si cree que se requiere algún cambio en su proceso, debe compartirlo con la gerencia, ellos se ocuparán de él y lo harán conveniente para usted y para todos los demás.

_____

_____

_____

_____

_____

_____

ii) Retención de empleados

Pídale a su gerencia que realice encuestas a los empleados regularmente.

Pídales que realicen seguimientos, se reúnan y conversen con sus empleados.

iii) Eliminación de cuellos de botella del proceso

Es el problema empresarial más común en la actualidad. Puede darnos su opinión.

_____

_____

_____

_____

_____

___

iv) Simplificar algunas de las tareas difíciles.

Si existe alguna posibilidad de simplificar las tareas difíciles, debe solicitarla lo antes posible.

v) Cualquier otro asunto relacionado con la ubicación, las instalaciones, la ética laboral y la actitud del personal, etc.

--

No hay NINGÚN DAÑO en dar retroalimentación, sin importar si es positiva o negativa, porque con esto, usted se hará notar por presentarlo frente a la gerencia.

Sea positivo, los comentarios no están destinados a quemar ningún puente entre el empleador y el empleado, su propósito es mostrar los desafíos que enfrenta todo el equipo o un miembro individual del equipo junto con las soluciones preferidas para superar esos desafíos.

Mostrar voluntad de dar más a la organización.

Realmente me siento infrautilizado en esta organización. Tengo la energía y la motivación para lograr mucho más de lo que estoy haciendo ahora. Para hablar con franqueza, estoy apuntando a un salario más alto que el que recibo ahora. No me avergüenza decirlo como todos deseamos. Soy ambicioso y para mí el cielo es el límite. No me gusta compararme con mis compañeros, ya que cada persona tiene sus propias fortalezas, debilidades y contribución general. "Haga que su nivel de desempeño sea tan alto como pueda decirle esto a su gerencia.

"Si siempre haces lo que siempre has hecho, siempre obtendrás lo que siempre tienes" – Henry Ford

Brinde retroalimentación constructiva (no adversa) en la que se busque mejorar:

Muestre su voluntad de dar más a su organización.

Realmente me siento infrautilizado en esta organización. Tengo la energía y la motivación para lograr mucho más de lo que estoy haciendo ahora. Para hablar con franqueza, estoy apuntando a un salario más alto que el que recibo ahora. No me avergüenza decir eso como todos deseamos. Soy ambicioso y para mí el cielo es el límite. No me gusta compararme con mis compañeros, ya que cada persona tiene sus propias fortalezas, debilidades y contribución general. "Haga que su nivel de desempeño sea lo más alto posible, dígaselo a su gerencia.

Pide un aumento

Si se siente infravalorado o insatisfecho con su aumento de sueldo, debe defenderse y discutir todos sus logros con su empleador (gerente o su supervisor inmediato) y anteponerle sus expectativas. Prepare un informe detallado de las expectativas de la gerencia junto con sus logros reales durante ese período. Si ha logrado o sobresalido en su desempeño, entonces puede discutir con confianza sobre su aumento de sueldo con su empleador. Puede discutir de la siguiente manera:

Realmente aprecio las oportunidades que me ha brindado para asumir mayores responsabilidades, como a otros empleados. He obtenido excelentes resultados en esas áreas durante el último año y he superado los objetivos que hemos creado. ¿Podríamos hablar de ajustar mi salario para reflejar este mayor nivel de contribución? "

"Espero que podamos hablar sobre mi salario. Ha pasado un año desde mi último aumento y he asumido una serie de nuevas responsabilidades desde entonces. Estoy gestionando toda nuestra tarea e incluso pude solucionar ese problema de larga duración con el equipo (mencione ese problema / inquietud), que terminó ahorrándonos mucho tiempo en los últimos meses. Me he convertido en un miembro integral del equipo y he desarrollado formas innovadoras de contribuir a la organización. Creo que las cosas van muy bien y me gustaría hablar de aumentar mi salario para reflejar este nuevo trabajo ".

Dado que la organización está más interesada en el resultado de productividad y el resultado es lo que estoy brindando, pero es importante que se reconozcan mis esfuerzos para poder dar resultados más productivos. Creo que he ido más allá de los puntos de referencia que marcó mi cargo cuando llegué a la organización.

Estoy seguro de que está de acuerdo conmigo en los beneficios de este logro y su contribución a los resultados generales. Habiendo dicho eso, me resulta difícil ocultar mi decepción por el hecho de que este logro no fue acompañado de un ajuste en mi salario. Siempre he dado lo mejor de mí y siempre estoy dispuesto a estar al tanto de mis deberes y tareas.

Habla de tus fortalezas personales

Elimina tu debilidad y tómate un tiempo para pensar en tus fortalezas. Lea sus modelos a seguir y sígalos. Sea disciplinado y tenga paciencia. Aumenta tu entusiasmo y creatividad. Gana confianza y respeto. Estos pasos enfatizarán su dedicación hacia su trabajo ...

Prepara una lista de todos tus logros.

Anote sus logros; Mantenga un diario para registrar sus logros. Use verbos de acción y piense en los comentarios positivos que haya recibido de sus jefes y colegas, los problemas con los que haya lidiado, los honores o premios que haya recibido, y si ha alcanzado o superado algún objetivo. Si ha trabajado en equipo, ¿qué logró su equipo? Eras una parte integral del equipo, por lo que cualquier logro del equipo cuenta como tuyo. Escribir sus logros lo motivará.

Consulte la política de revisión salarial de su empresa antes de solicitarla.

Lea su carta de nombramiento y busque la política de revisión salarial de su empresa en ella. Revíselo y lea todas las cláusulas mencionadas allí. Consulte con sus personas mayores al respecto; te guiarán mejor por su experiencia.

Habla profesionalmente

Si está pidiendo un aumento de sueldo a su gerencia, entonces tiene que parecer profesional. Solicite un aumento de sueldo en nombre de su desempeño, habilidades y experiencia. Nunca involucre asuntos personales y razones para el aumento de salario, porque puede arruinar su plan para obtener un aumento o un ascenso.

Mantener un estado mental tranquilo

Buda dijo: "**Si pasas algún tiempo cada día en meditación tranquila, simplemente calma tu mente concentrándote en tu respiración o en un simple mantra, puedes, con el tiempo, domesticar a los monos.**" (Aquí se dice mono para tu mente) Se volverán más pacíficos si los sometes con amor con una práctica constante de meditación. Hay algunas formas de mejorar su estado mental, la atención plena va más allá de la meditación. Si bien la meditación puede ayudarte a superar el estrés, así como a sentirte más relajado y en paz. Una vez que comiences a meditar todos los días, obtendrás los beneficios de una mente tranquila y tranquila. Puede abrirse camino hacia una mayor felicidad y satisfacción en su vida, simplemente sintonizando las pequeñas cosas de la vida. Aquí hay nueve formas de mejorar la calidad de su mente y lograr el éxito en su vida.

Respirar.

Respire profundamente, siempre que se sienta pesado. Esto puede ayudar a calmarse. Le quitará el estrés y le permitirá concentrarse en su trabajo al instante.

Gratitud

La gratitud es el punto más importante para tu desarrollo personal. Lo conectará con su equipo y colegas.

¿Quién te ayudará a completar tu difícil tarea mientras disfrutas de la vida? Llevar un diario de gratitud te ayudará a deshacerte del estrés del día. También mantendrá la paz en tu mente para aceptar, apreciar y estar tranquilo. La gratitud puede llevarte a ganar corazones. Lo cual es bueno para su buena voluntad y también atraerá a su gerencia.

Di no a las aplicaciones sociales que hacen perder el tiempo.

Debe mantener su teléfono a un lado mientras trabaja porque el teléfono móvil y las aplicaciones que hacen perder el tiempo pueden distraerlo de sus objetivos. También puede desactivar las notificaciones de su teléfono, ya que pueden distraerlo y alejarlo del momento presente. Tus mensajes seguirán esperándote allí más tarde, cuando estés listo para leerlos.

Convierta su teléfono en modo silencioso, puede evitar que cada distracción ingrese a su mente mientras trabaja o piensa en cualquier solución. Si tiene algo de tiempo adicional, aproveche el tiempo obteniendo nuevas ideas para desempeñarse mejor en lugar de no perder el tiempo utilizando las redes sociales para chatear.

Toma un café o un té.

Una taza de café o té puede ayudarlo a calmar su mente. Te recargará para la tarea actual o siguiente.

Escuche música instrumental.

La mayoría de los psicólogos dice que la música da paz, lo que puede elevar la calidad de su mente y ayudarlo a relajarse. La música puede curar su estrés y lo calmará para manejar la presión. Si tu mente estará en un estado de paz, entonces puedes desempeñarte bien, esto te llevará al éxito muy pronto.

Elija tareas difíciles para completar primero

Una tarea difícil requiere más fuerza y energía para realizarla, pero es más fácil completar otras tareas. Si primero elige la tarea más difícil, la siguiente será más fácil. Este método mantendrá su interés alto hacia su trabajo y tendrá éxito en su trabajo.

Comparta sus sentimientos con sus colegas.

Primero escúchalos lo que tienen que decir, luego expresa tus sentimientos y pensamientos, puede ayudarte a conectarte más profundamente con el momento mostrando aprecio a las personas con las que hablas, a cambio ellos apreciarán tus esfuerzos y te sugerirán lo mejor.

Mira videos de motivación.

Si estás desmotivado y no quieres decepcionarte, los videos motivadores podrían ser una de las mejores formas de aumentar tu energía. Te inspirará a despertar tu yo interior y lograr tus objetivos rápidamente.

Empiece a escribir un diario.

No será difícil mantener una lechería. Escribir un diario tiene sentido porque puede encontrar sus errores y decisiones equivocadas al instante sin tener que pedir ayuda a otra persona. A veces obtendrá respuestas a preguntas sin respuesta y soluciones a problemas sin resolver. Le permitirá administrar su trabajo sin problemas.

La gente está tan ocupada enfocándose en sus problemas que se olvidan de encontrar otras formas de resolverlos o salir de ellos. Quedan atrapados en la competencia y se olvidan de disfrutar de las pequeñas cosas que funcionan aún mejor.

Hay un proverbio alemán "**Alles zu seiner zeit**" que significa "**todo a su debido tiempo**". Mindfulness seguirá recordándote que todas las cosas buenas vienen con el tiempo. Te ayudará a escapar de las presiones de tu vida, y hará que la disfrutes, y cuando seas feliz desde dentro podrás trabajar duro y dar lo mejor de ti para lograr todo el éxito que deseas.

Teoría de los 1000 días

Hoy en día es tan fácil cambiar y encontrar un mejor trabajo en otras empresas, pero como profesional puedes permanecer mucho tiempo en la misma organización y seguir aprendiendo, hará que la atmósfera y el entorno estén a tu favor. Existe un principio del sector corporativo de que si permanece 1000 días con el mismo empleador, mejorará su conocimiento, experiencia y buena voluntad en su lugar de trabajo, y cuando vaya a cambiar, incluso su empleador actual intentará volver a capacitar usted de todas las formas posibles y factibles.

Supongamos que trabaja para un empleador llamado corporación ABC y ha cumplido tres años. Su aumento salarial anual esperado variará entre el 5% y el 10% según el desempeño del año anterior (y el 15% en alguna organización) *, por lo que su salario aumentará en un 10%, es decir, el salario actual + 10% (considerando el aumento máximo) y repitamos este cálculo para el próximo año, asumiendo que se desempeñó bien y su salario se incrementó en un 10% adicional para la tasación del cuarto año, es decir, el salario actual + 10% (aumento del primer año) + 10% (aumento del cuarto año "si ha trabajado bien en ese año también ") y repitiendo el mismo cálculo. (condición: ha trabajado bien de forma consecutiva por 5º año) durante 3 años, su salario será: Salario inicial + 30% (10 * 3 considerando el 10% como evaluación de cada año "nuevamente considerando que consecutivamente fue un buen intérprete en su equipo y ha trabajado bien todos estos 3 años anteriores para considerar el 10% de incremento) y así sucesivamente durante el séptimo, octavo y noveno año (hasta que vea un aumento razonablemente decente en su salario o hasta que lo asciendan) ...

Entonces, en este ejemplo, pudo aumentar su salario en un 30% después de completar 3 años con el mismo empleador al cumplir con sus objetivos anuales y tener un buen desempeño durante 3 años consecutivos seguidos. Si no puede cumplir con sus objetivos anuales o su desempeño no está a la altura, no puede esperar este aumento salarial del 10%. Mientras que, si cambia de empleador después de 3 años (1000 días), puede solicitar un aumento mínimo del 20% al 25% en su salario actual y algunos empleadores ofrecen incluso un 30% de crecimiento salarial que varía de una industria a otra.

Asumir una nueva responsabilidad y realizar una nueva tarea cada 1000 días. Esto le dará más exposición a diferentes funcionalidades y operaciones y, a su vez, aprenderá una tarea completamente nueva cada 1000 días y aprenderá a dominarla durante otros 1000 días y luego tomará una nueva tarea. . Si siente que aún no ha llegado, puede elevar su nivel de rendimiento de inmediato introduciendo pequeños cambios en su rendimiento diario y, antes de que se dé cuenta, ¡se está elevando por encima del cielo tan alto! Lenta y gradualmente tomará una nueva tarea y aprenderá a dominarla, así como a enseñar a otros y luego tomará otra nueva tarea y continuará el mismo proceso.

Concéntrese y desarrolle sus fortalezas para sacar lo mejor de su trabajo. Conocer las fortalezas de sus compañeros de trabajo también ayuda a mejorar la calidad de los productos y servicios de su empresa. Tus habilidades únicas no solo te diferenciarán de tus compañeros, sino que también te convertirán en una parte indispensable del equipo y de la empresa. Asegúrese de estar familiarizado con los detalles esenciales de su trabajo y el perfil de su empresa. Mantenerse al día con la organización y seguir agregando tareas será un gran complemento. Por lo tanto, nadie puede vencerlo ni pararse cerca de usted.

Si no obtiene una nueva tarea de sus empleadores existentes, terminará haciendo la misma tarea monótona cada año repetidamente. Entonces es el momento de cambiar el entorno o cambiar de empleador, de lo contrario, reducirá el ritmo de su crecimiento profesional en esa organización.

Por lo tanto, cambiar de empleador no solo lo beneficia al aumentar su salario, sino que también le brinda exposición a los diferentes entornos laborales. Desafortunadamente, cada industria tiene un punto de referencia predefinido para el salario que se ofrecerá independientemente de sus habilidades y experiencia, aunque hay excepciones si es un profesional extraordinario y talentoso y si puede justificar sus entregables a su empleador. que no es el caso de la mayoría de los profesionales. Por lo tanto, la mayoría de los profesionales cae desafortunadamente en la trampa de una estructura salarial predefinida y enfrenta muchos desafíos racionales para nivelar su salario a sus propias expectativas.

Ahora, si trabaja para cualquier empleador durante 3 años consecutivos (365 * 3 = 1095 días), ha cruzado el listón de los 1000 días con su empleador actual, ha demostrado que puede desempeñar sus funciones y responsabilidades mientras trabaja. para otro empleador también en todo el mundo, pero debe tener un poco de confianza. En la referencia del ejemplo anterior, al trabajar para un empleador durante 1000 días, ha dominado las habilidades necesarias para realizar este trabajo y, al utilizar sus conocimientos, habilidades y juicio existentes, puede negociar su barra salarial existente y solicitar Aumento decente y si eso no funciona, tiene la confianza suficiente para buscar otro trabajo con tareas laborales similares con un aumento del 20-25-30% en su salario actual con el empleador actual. Por lo tanto, en este lapso de 3 años (1000 días) has pasado por todo tipo de desafíos y has aprendido diferentes formas de superar todos esos obstáculos que actúan como un cuello de botella en tu desempeño. Entonces, si no recibe un aumento salarial decente debido a la práctica estándar de la industria y las políticas internas predefinidas de cualquier organización, entonces debe pensar en un plan de acción para aumentar su salario, que puede incluir trabajar para otro empleador. Si cree que ha realizado todas las tareas posibles o que ha emprendido todas las oportunidades posibles de crecimiento que podrían realizarse en su perfil de trabajo actual sin afectar sus funciones y responsabilidades principales y aún no está satisfecho con su evaluación salarial anual, entonces es hora de cambia de trabajo.

Veamos algunos pros y contras de cambiar de empleador actual:

Pros:

1) Estás saliendo de tu zona de confort.

2) Acepta un nuevo desafío con un nuevo empleador.

3) Ha mostrado su confianza para aceptar una nueva tarea.

4) Tienes la oportunidad de trabajar en un nuevo entorno.

5) Aprenderá las nuevas formas de realizar algunas de las mismas tareas de forma diferente.

6) Puede utilizar sus conocimientos y habilidades existentes para demostrar su calibre.

7) Serás ascendido.

8) Obtienes una caminata decente.

9) Trabajarás con nuevos gerentes, jefes y colegas.

Cons:

1) Tiene que trabajar duro para cumplir con las expectativas de sus nuevos empleadores.

2) Tienes que ganarte la confianza de tu nuevo empleador.

3) Ha regalado su zona de confort y ha entrado en el nuevo entorno laboral.

4) Comprender la cultura laboral puede llevar mucho tiempo.

5) Es posible que no entregue los resultados esperados a tiempo.

6) Es posible que no demuestre su valía ante su nuevo empleador.

Hágase esta pregunta: ¿Estoy mentalmente preparado para todo esto? ¿Estoy listo para aceptar un nuevo desafío y salir de mi zona de confort para mi desarrollo profesional? Si su respuesta es absoluta 'SÍ', entonces puedo decir con confianza que nadie puede evitar que se convierta en un profesional corporativo exitoso y al mismo tiempo aumente su sueldo.

"Disfruta también de tu vida profesional, mantente positivo y sigue creciendo".

Metas profesionales

No espere el momento correcto, en su lugar, comencemos desde hoy mismo escribiendo primero sus objetivos profesionales (tanto a corto como a largo plazo) y luego siga estas estrategias para avanzar en su carrera profesional y alcanzar sus objetivos en un futuro próximo.

Conclusión

¿Cuál es el sentimiento más asombroso para ti? ¿Quieres seguir igual que estás o quieres crecer continuamente? Tus bajas expectativas nunca te permitirán alcanzar el éxito. Fundador de The Walt Disney Company, "**Walt Disney**" ha declarado "**Todas las adversidades que he tenido en mi vida, todos mis problemas y obstáculos, me han fortalecido ... Puede que no te des cuenta cuando suceda, pero una patada en los dientes puede ser lo mejor del mundo para ti.**" Luchó mucho por su éxito, falló varias veces pero cada vez aprendió algo nuevo. Sus fracasos lo hicieron sabio y experimentado. Nadie nace exitoso, todos tienen que trabajar duro para lograr el éxito, puedes tener éxito en tu trabajo y en tu vida con solo dar lo mejor de ti y seguir intentándolo.

Las cosas cambiarán

A veces necesitas paciencia para lidiar con tus molestias. Hay un proverbio francés registrado en inglés en 1545 que dice "***ROMA no se construyó en un día.***" Esto significa que nada grande viene sin trabajo duro y dedicación. Necesita trabajar duro para lograr el éxito en su vida. Todo lleva tiempo, debes apuntar a la determinación en la vida, el éxito seguirá su camino. Siga trabajando duro e invierta sus esfuerzos hoy, definitivamente obtendrá retornos rentables mañana.

Tus acciones te darán resultados, seguro.

Como mencioné en el tema de la ley de Newton, hagas lo que hagas, obtendrás lo mismo. Al mostrar su voluntad de ayudar a los demás y mostrar su enfoque positivo, la gerencia lo notará. Debes discutir sobre tu desempeño durante todo el año. Cuando borra las expectativas de su empleador y ofrece los mejores resultados que se pueden lograr. Le despejará el camino hacia sus metas y alcanzará el éxito.

Mantente feliz, mantente bendecido y mantente concentrado.

No puedes ser perfecto, pero puedes ser excelente, y esa excelencia te recompensará. Planifique su día una noche antes y priorice las tareas difíciles para completar primero. Evite todo tipo de distracciones y manténgase enérgico, recuerde sus objetivos. Estos pasos lo mantendrán feliz y satisfecho con su trabajo.

Nunca es demasiado tarde para comenzar algo nuevo si está dispuesto a crecer en su carrera y, finalmente, aumentar su sueldo y mejorar su valor, entonces puede lograr el puesto deseado en la organización. Hay muchas formas de calmar su mente y aumentar su entusiasmo. Nunca te defraudes y nunca te apegues a la negatividad.

La vida en sí misma es un conjunto de desafíos, a medida que crecemos, nos enfrentamos a nuevos desafíos.

Tenemos que afrontar las dificultades, defendernos de las amenazas, superar y completar esos desafíos. Así es la vida, si puedes superar todos los desafíos de la vida personal, también puedes hacer lo mismo en tu vida profesional, lo que te dará fuerza para completar nuevos desafíos. Cuando logre el éxito en esos nuevos desafíos, su éxito lo motivará a obtener un aumento y ascender.

**"Disfruta de tu vida profesional,
mantente positivo y sigue creciendo."**

Descargo de responsabilidad

El contenido de este libro trata de varios pasos y principios para alcanzar una designación deseable en una organización. Todos estos pasos son ampliamente aceptados y seguidos en todo el mundo por profesionales que trabajan en diversas organizaciones. Sin la intención de respaldar el aprendizaje de otra persona como el de los autores porque el autor ha compartido su aprendizaje, verdades y creencias basadas en su experiencia personal trabajando en un entorno corporativo durante más de 15 años. El autor declara que este libro es obra propia y autónoma. Aunque el autor ha hecho todo lo posible para asegurarse de que la información y las estrategias de este libro resulten como una guía beneficiosa para sus lectores en el avance de su carrera. Sin embargo; el autor por la presente renuncia a cualquier responsabilidad ante cualquier individuo o entidad, por cualquier pérdida, daño o interrupción causada por actos u omisiones de los lectores, ya sea que dichos actos u omisiones resulten de la implementación de cualquier estrategia, ya sea expresa o implícita, en este libro. Se recomienda encarecidamente a los lectores que no tomen ninguna medida adversa después de leer este libro, ya que la única intención del autor es ayudar a sus lectores a crecer en su profesión y no dañar / dañar su carrera de ninguna manera. Además, el autor ha otorgado créditos a las partes correspondientes cuyas citas y referencias se utilizaron al escribir este libro y si alguien se ha perdido, podría ser simplemente un error de buena fe.

Afirmaciones

Comprométase a no renunciar nunca a sus sueños y a aprender nuevas habilidades para lograr el éxito en su vida profesional y personal. Enumere las habilidades que alguna vez pensó aprender pero que no pudo aprender por alguna razón. Al enumerarlo aquí, le está dando un fuerte mensaje a su cerebro de que no ha renunciado a sus sueños de aprender esa nueva habilidad por la que ha estado interesado desde hace mucho tiempo. Déle prioridad a decidir qué habilidad desea aprender primero y luego sobresalir en esa habilidad mediante el aprendizaje continuo.

Las habilidades que me interesa aprender primero que acelerarán mi carrera profesional son (en orden):

1. _____
2. _____
3. _____
4. _____
5. _____
6. _____
7. _____
8. _____
9. _____
10. _____

Creditos

1. https://www.pinterest.com
2. https://www.keepinspiring.me/famous-quotes
3. https://www.brainyquote.com
4. https://pixabay.com/images/search/quotes
5. https://www.goodreads.com/quotes
6. https://unsplash.com/s/photos/quotes
7. Wikipedia, Google y otras páginas web.

Sobre el autor

Abogado Swapnil Modi

M.B.A. (HR) y LL.B. (Medallista de oro)

Swapnil Modi es un profesional dinámico y orientado al detalle con más de **15** años de amplia experiencia corporativa. Ha sido clasificado como **10X STAR PERFORMER** en su carrera profesional con Etech, Inc..

Fue honrado con la **MEDALLA DE ORO** por **CLASIFICAR PRIMERO** en el examen LL.B final de la Universidad de

Gujarat y también fue honrado con el **"ESCUDO Y CERTIFICADO"** por **CLASIFICAR PRIMERO** en la **COMPETENCIA DE LA CORTE MOOT** celebrada en Siddharth Law College, Gandhinagar, Gujarat. Tiene un título de **PRIMERA CLASE** en **MBA (HR)** de la UNIVERSIDAD NIMS.

Tiene una amplia experiencia en revisión / redacción / verificación de todo tipo de acuerdos y mitigación de riesgos para sus clientes. Es un experto en mantener el más alto nivel de calidad en las operaciones; Asegurar el cumplimiento de todos los parámetros legales y el cumplimiento de las estrictas normas.

Conclusiones:

Anote lo que ha aprendido de este libro y vuelva a visitar esta página a intervalos regulares y al lograr sus objetivos.

1. _____
2. _____
3. _____
4. _____
5. _____
6. _____
7. _____
8. _____
9. _____
10. _____

Nota de agradecimiento

Me gustaría agradecer a todos los lectores por su apoyo al leer este libro. Espero que este libro le ayude a aumentar la productividad y a mejorar su personalidad profesional. Cuando me siento a escribir sobre las ideas o puntos de vista que quiero compartir aquí, siempre tengo en cuenta cómo este libro puede beneficiar a mis lectores. Con tantos recursos y artículos maravillosos que comparten contenido e ideas geniales, quiero asegurarme de que mis lectores estén contentos con su decisión de dedicar parte de su tiempo de calidad aquí en mi libro y aprender los trucos para mejorar su carrera profesional.

TODO LO MEJOR,
ADV. MODI SWAPNIL
M.B.A. (HR) y LL.B. (MEDALLISTA DE ORO)